Bürger wacht auf!

Hubertus Scheurer

Bürger wacht auf!

Zum Obrigkeitsstaat

2., erweiterte Auflage

Bibliografische Information der Deutschen Nationalbibliothek
Die Deutsche Nationalbibliothek verzeichnet diese Publikation in der Deutschen
Nationalbibliografie; detaillierte bibliografische Daten sind im Internet über
http://dnb.d-nb.de abrufbar.

Satz, Coverdesign, Herstellung und Verlag: Books on Demand GmbH, Norderstedt
ISBN: 978-3-8370-2276-6

Informationen über:
www.Hubertus-Scheurer.de

Inhaltsverzeichnis

Bürger wacht auf!   7
HH-POLIZEI tief verstrickt im Lügenbrei
Freiheit   8
Rechtsstaat?   9
Schriftverkehr mit der Hamburger Polizei   11
Denunziant im tauben Land   20
Pöbel   22
Frau Pöbelmann   23
Schnelle Brüter   25
In Uniform   27
Erlaubte Dummheit?   28
Im Taubenstall   29
Der böse Blick   30
L-Effekt nicht entdeckt   31
Freund und Helfer   32
Die Lügenpolizei   34
Wider die Wahrheit   36
Eine wäscht die andre Hand   37
Nutzen vor Wahrheit   39
Sprachlos   40
Den Wahrheitsunterdrückern   41
Was hält mich hier?   42
Taubenjagd in einem Jet   43
Die Broschüre   45
Fortsetzung des Schriftverkehrs   46
Bürger schröpfen!   51
Keine Rüge trotz der Lüge   52
Zwei Versionen   54
Ein Lichtblick   55

Der leidige Richter 57

Schlaft gut! 58

Fortschritt 59

Rückschritt 60

Mit fünfzehn Jahren 61

Mich wundert gar nichts mehr 62

Nicht alle können Spaß verstehn 63

Den Hintern schließen 64

Ein schönes Ei 65

Unser freies Recht 66

Zwischenbericht 67

Zum Polizeistaat 71

Ein feiner Staat 72

Soldat der Bundeswehr 74

Sterben für Würste 75

Die Suppenspucker 77

Wieder Polizeigewalt 78

Zum Strafverfahren 80

Wieder mal im Strafgericht 82

Ein Raffzahn 85

Für die Würde 86

Kriminelle – Polizei 87

Die Zähne ziehn 88

Die letzte Tat 89

Nutze Deine Möglichkeit 90

Der Rechtsstaat ist kein Endzustand 91

Schlußwort 93

Bürger wacht auf!

Es ist wieder soweit: Menschen können von den Mächtigen im Land unterdrückt und verleumdet werden und wenn sie sich zur Wehr setzen, folgt die Bestrafung durch die Gerichte, die mit den Herrschenden an einem Strang ziehen. Ich habe mich gewehrt, indem ich Bücher schrieb, deren Veröffentlichung prompt verboten wurde; zudem wurde ich bestraft. Daraufhin habe ich die Bücher umgeschrieben; sie sind jetzt unter dem Titel „Erlebnisse im Hotel mit König Alfred und seinem Hanswurst unter Berücksichtigung der Zensur durch das Landgericht Hamburg" im Buchhandel erhältlich.

Außerdem ließ ich in Hamburg Hunderte von Plakaten kleben, die auf Mißstände hinweisen sollten; sie wurden aber weder von der Bevölkerung noch von der Presse wahrgenommen.

Nachdem ich nun auch die Macht unserer werten Polizei zu spüren bekam, ich habe darüber im Anhang der Bände IX und X über die „Erlebnisse im Hotel …" berichtet, bin ich zu dem Entschluß gekommen, eine weitere Veröffentlichung mit dieser Broschüre unter dem Titel „Bürger wacht auf!" vorzunehmen.

Ich hoffe, damit einen größeren Kreis von Bürgern zu erreichen und der weiteren Entwicklung zum Obrigkeitsstaat entgegenzuwirken.

HH - POLIZEI
tief verstrickt im Lügenbrei

Freiheit

Freiheit unser höchstes Gut,
Wieder mal ein alter Hut
Für die Landespolizei,
Tief verstrickt im Lügenbrei.

Wahrheit interessiert sie nicht,
So erlischt der Freiheit Licht
Und damit zugleich der Frieden,
Der in Freiheit uns beschieden.

Dem gilt es sich zu erwehren,
Deshalb schreib ich ihr zu Ehren;
Nur durch Wachsamkeit und Mut
Schützen wir das höchste Gut.

Rechtsstaat?

Der Rechtsstaat hier ist wie ein Rahmen
Aus dem ein schönes Bild verschwand;
Verdient nun nicht mehr seinen Namen,
Gleicht diesem Rahmen an der Wand,

Der keinen Einblick kann gewähren
In eine sinnerfüllte Welt;
Uns selbstgefällig einen leeren,
Rechtsarmen Staat vor Augen hält;

Mit Rechtsverdrehern, Bürokraten,
Gelenkt von Macht, vom großen Geld;
Wo sind wir wieder hingeraten?
Fehlt nur noch, daß der Rahmen fällt.

Am 7.8.07 erhielt ich von der Landespolizeiverwaltung ein Schreiben, dessen wesentliche Aussagen im folgenden wiedergegeben werden:

Datum 2.8.07

Sehr geehrter Herr Scheurer,
hiermit wird Ihnen gem. § 41 des Waffengesetzes die Ausübung der tatsächlichen Gewalt über Waffen aller Art
u n t e r s a g t .
Nach von Ihnen bestätigten Angaben schießen Sie in regelmäßigen Abständen im Garten des von Ihnen bewohnten Mehrfamilienhauses (Anmerkung: Außer mir wohnen dort drei ältere Personen) mit einem Luftgewehr auf Tauben, zumindest um diese zu verschrecken.

Ein solches Verhalten in einem bewohnten Gebiet kann zu nicht unbeträchtlichen Gesundheitsgefahren für andere Personen führen, denn in der direkten Nachbarschaft befinden sich weitere Grundstücke, so daß nicht ausgeschlossen werden kann, daß Projektile Ihres Luftgewehrs Personen, die sich auf diesen Grundstücken aufhalten, in erster Linie spielende Kinder, treffen könnten.

Nach Angaben Ihrer Nachbarn sowie der am Einsatzort erschienenen Polizeibeamten sind Sie zudem nicht in der Lage, die Tragweite des leichtfertigen Umgangs mit Ihrem Luftgewehr zu verstehen. Bei der Belehrung durch die Polizeibeamten antworteten Sie uneinsichtig und trugen zudem ein eigens verfaßtes Gedicht bzgl. des Abschusses von Tauben vor. Das Gespräch mit Ihnen mußte abgebrochen werden, da eine konstruktive Unterhaltung mit Ihnen nicht möglich war. Gemäß § 6 WaffG sind Sie demnach auch persönlich nicht geeignet, Umgang mit Waffen – gleich welcher Art – zu haben.

Die bestehenden Bedenken gegen Ihre persönliche Eignung können gem. § 6 WaffG ggfs. durch Vorlage eines auf Ihre Kosten anzufertigenden fachpsychologischen Zeugnisses über Ihre geistige und körperliche Eignung entkräftet werden.

Ihnen wird daher gemäß § 6 WaffG i.V. mit § 4 Allgemeine Waffengesetz-Verordnung hiermit aufgegeben, auf eigene Kosten bis zum 8.9.2007 ein fachpsychologisches Zeugnis über Ihre geistige und körperliche Eignung für den Umgang mit Waffen und Munition vorzulegen.

Aufgrund der oben genannten Tatsachen geht die Erlaubnisbehörde davon aus, daß Sie auch in Zukunft gegen die Rechtsnormen verstoßen werden. Dieses Risiko ist jedoch im Bereich des Waffenrechts nicht hinzunehmen.

Deswegen ist die Erteilung eines Waffen- und Munitionsverbotes sowohl geeignet als auch erforderlich.

Hinweise:

Mit Freiheitsstrafen bis zu drei Jahren oder Geldstrafe wird bestraft, wer entgegen einer vollziehbaren Anordnung gem. § 41 WaffG die tatsächliche Gewalt über Waffen und Munition ausübt.

Begründung der sofortigen Vollziehung:

Die Anordnung der sofortigen Vollziehung wird wie folgt begründet:

Sie haben mit einer Schußwaffe geschossen, ohne im Vorwege sicherzustellen, daß sich möglicherweise Menschen im Bereich der Schußweite der Projektile befinden könnten. Zudem war nicht sichergestellt, daß der Garten derart umfriedet ist, daß die Projektile die Umgrenzung keinesfalls verlassen können.

Eine Einsicht, daß Ihr Verhalten gefährlich und zudem gesetzlich verboten ist, zeigten Sie weder im Gespräch mit Nachbarn noch mit den am Einsatzort erschienenen Polizeibeamten. Aus diesen Gründen geht die Erlaubnisbehörde davon aus, daß Sie Waffen auch in Zukunft mißbräuchlich einsetzen würden.

Mit freundlichem Gruß
Landespolizeiverwaltung

Mit Schreiben vom 9.8.2007 habe ich darauf wie folgt geantwortet:

Es ist schon erstaunlich, daß die Polizei aufgrund des Anrufes eines nachbarlichen Denunzianten mit vier Beamten anrückt und in meine Wohnung eindringt, weil ich auf meinem eingefriedeten Grundstück mit dem Luftgewehr geschossen habe, um Stadttauben zu vertreiben, die bekanntermaßen Überträger von gefährlichen Krankheiten sind.

Ich habe erfahren, daß an diesen Erregern in HH-Blankenese eine Person ums Leben gekommen sein soll.

Der zweite Einsatz hat mich ebenso verwundert. Meine Stellungnahme können Sie den beigefügten Ausführungen »Denunziant im tauben Land« und »Frau Pöbelmann« entnehmen.

Das Vorgehen der Polizei steht m.E. in einem krassen Mißverhältnis zu ihren sonstigen Aktivitäten.

Als meine im vorigen Jahr verstorbene Frau vor einigen Jahren in unserer Straße überfallen, ausgeraubt und brutal niedergeschlagen wurde und sich blutüberströmt bis zu unserem Haus schleppte, wurde uns nur mitgeteilt, daß sich solche Vorfälle schon dreimal in dieser Gegend ereignet hätten. Danach haben wir nichts mehr gehört.

Als mein Kraftfahrzeug vor meinem Büro gestohlen wurde, hielt es die Polizei nicht einmal für nötig, zum Tatort zu kommen.

Ich könnte die Liste solcher Erfahrungen beliebig fortsetzen und bin schon nicht mehr überrascht, in welch einem maroden Zustand sich das deutsche Staatswesen wieder befindet.

Ihr Schreiben vom 2.8.07 betreffend möchte ich im folgenden einige Punkte richtigstellen.

Wenn ich mit dem Luftgewehr schieße, ist es absolut ausgeschlossen, daß Projektile Personen treffen können.

Ich bin gern bereit, hierfür den Beweis anzutreten und hatte auch den Polizeibeamten angeboten, sich hiervon zu überzeugen.

Als Ausbilder bei der Bundeswehr (Reserveoffizier) habe ich selbst Soldaten an der Waffe ausgebildet, und ich kann mir kaum vorstellen, daß Nachbarn und Polizeibeamte sich anmaßen dürfen, mir einen leichtfertigen Umgang mit Waffen zu unterstellen. Ich hätte gern ein sachdienliches Gespräch mit den Beamten geführt; jedoch hatten sie keine Zeit für eine konstruktive Unterhaltung; ebenso fehlte die Zeit, um sich den Text »Denunziant im tauben Land« vortragen zu lassen. Darin ist auch an keiner Stelle von einem Abschuß der Tauben die Rede.

Sie führen weiterhin aus, daß ich im Gespräch mit den Nachbarn »keine Einsicht betreffend meines gefährlichen Verhaltens« gezeigt hätte.

Es handelt sich hierbei wieder um eine unwahre Behauptung, denn ein solches Gespräch hat es nie gegeben.

Zudem wäre es wohl auch absurd anzunehmen, daß mich ausgerechnet Leute über den Umgang mit Waffen belehren könnten, die selbst nie eine entsprechende Ausbildung erhalten haben bzw. nie einen Umgang mit Waffen hatten.

Gegen den Bescheid lege ich hiermit Widerspruch ein, da ich kein schuldhaftes Verhalten meinerseits erkennen kann, sondern im Gegenteil davon überzeugt bin, verantwortungsvoll gehandelt zu haben.

Wenn Sie näheres über mein Rechts- und Verantwortungsbewußtsein erfahren möchten, empfehle ich Ihnen meine Bücher »Sokrates läßt Deutschland grüßen, damit Freiheit atmen kann« und »Mir reicht's – Deutschland ade«.

Ich denke, daß ich es der Bundeswehr und mir schuldig bin, mich einer fachpsychologischen Untersuchung unterziehen zu lassen und bitte Sie, mir Fachleute zu benennen, die diese Untersuchung durchführen können.

Ich werde Sie diesbezüglich in der nächsten Woche anrufen, damit Ihnen zusätzliche Schreibarbeit erspart bleibt.

Es wäre aber sicher nicht verkehrt, wenn Sie die in Ihrem Schreiben enthaltenen Unwahrheiten korrigieren würden.

Mit freundlichem Gruß

gez. H. Scheurer

(Hinweis: Mein Ansprechpartner in den nachfolgenden Gedichten ist meine verstorbene Frau)

Nach dem Telefonat schrieb mir die Polizeiverwaltung am 14.8.07:
Ihr Widerspruch vom 9.8.2007 ist hier eingegangen. Anliegend übersenden wir Ihnen wunschgemäß eine (nicht vollständige) Auflistung psychologischer Fachdienste, die die Gutachten nach § 6 WaffG erstellen.
Diese Liste beinhaltete ein Klinikum in Bremen und drei Psychologische Institute in Hamburg.

Nachdem ich Kontakt zu einem der Institute in Hamburg aufgenommen hatte, schrieb ich am 21.8.07 dorthin:
Aufgrund des heute mit Ihnen geführten Telefonates übersende ich Ihnen hiermit wie vereinbart, den vollständigen mit der Polizeiverwaltung Hamburg geführten Schriftverkehr.
Es geht jetzt darum, daß ich ein »fachpsychologisches Zeugnis über meine geistige und körperliche Eignung für den Umgang mit Waffen und Munition« erstellen lassen möchte.
Ich werde Sie wieder anrufen, um zu erfahren, ob Sie für mich tätig werden wollen.

Am 3.9.2007 teilte ich dann der Polizeiverwaltung folgendes mit:
Anbei erhalten Sie eine Kopie meines am 21.8.07 an den Psychologen gerichteten Schreibens.
Drei Tage später habe ich ihn noch einmal angerufen, und er

versicherte, daß er mir einen Gesprächstermin telefonisch mitteilen würde.

Ich habe ihm sowohl meine Geschäftsnummer als auch meine private Telefonnummer aufgegeben. Bis heute habe ich keinen Anruf erhalten.

Unter diesen Umständen scheint es mir fraglich, ob es möglich sein wird, Ihnen das fachpsychologische Zeugnis bis zum 8.9.07 vorzulegen.

Ich beantrage deshalb vorsorglich, die Frist zu verlängern, und ich wäre Ihnen verbunden, wenn Sie mich davon in Kenntnis setzen würden, wann ich mit einer Korrektur der in Ihrem Schreiben vom 2.8.07 enthaltenen Unwahrheiten rechnen kann.

Antwort der Polizeiverwaltung mit Schreiben vom 10.9.07:
bezugnehmend auf Ihr Schreiben vom 3.9.07 teilen wir Ihnen mit, daß eine Fristverlängerung bis zum 10.10.2007 gewährt wird.

Soweit Sie eine Untersuchung verweigern oder der Landespolizeiverwaltung ein entsprechendes Zeugnis nicht fristgerecht beibringen, darf die Landespolizeiverwaltung auf Ihre Nichteignung schließen.

Am 25.9.2007 habe ich der Polizeiverwaltung noch einmal geschrieben:
Anscheinend hat es die Polizeiverwaltung nicht nötig, den von ihr vorgetragenen Lügenbrei aufzuarbeiten.

Ein Beamter, der auch nur halbwegs den Ansprüchen in meinen Versen »In Uniform« genügen würde, dürfte im Gespräch mit mir zu der Einsicht kommen, daß die gegen mich erhobenen Vorwürfe völlig unberechtigt sind.

Ich habe gelobt, der BRD treu zu dienen und das Recht und die Freiheit des deutschen Volkes tapfer zu verteidigen.

Dieser Verpflichtung bin ich m. E. immer gerecht geworden; außerdem zahle ich Tag für Tag ca. 400,– EUR an Steuern; sollte ich da nicht erwarten können, mit Anstand und nicht wie der letzte Dreck behandelt zu werden? *⁾

*⁾ *Sh. auch: »Erlebnisse im Hotel mit König Alfred und seinem Hanswurst – unter Berücksichtigung der Zensur durch das Landgericht Hamburg« Band I–VIII*

Eine Dame aus der Praxis des mir von Ihnen benannten Psychologen hat mich Anfang der ersten Septemberwoche angerufen und mir mitgeteilt, daß man mir eine Vollmacht zusenden würde, die ich zu unterzeichnen hätte, damit Akteneinsicht bei den polizeilichen Unterlagen ermöglicht würde.

Diese Vollmacht ist bis heute nicht bei mir angekommen!

Wenn die Angelegenheit nicht bald zu meiner Zufriedenheit beendet wird, werde ich den Vorgang mit den beigefügten und den Ihnen bereits vorliegenden Texten in der Presse zur Diskussion stellen lassen.

Im übrigen wäre es wohl angemessen, wenn sich der Herr Polizeipräsident persönlich mit mir in Verbindung setzen würde, um sich von der Unhaltbarkeit der gegen mich erhobenen Vorwürfe zu überzeugen und um sich für das ungebührliche Verhalten seiner Mitarbeiter zu entschuldigen.

Mit freundlichen Grüßen
Hubertus Scheurer

Anlagen:
Schnelle Brüter
In Uniform
Erlaubte Dummheit?
Im Taubenstall
Wider die Wahrheit

17

Eine Antwort bekam ich nicht; so schrieb ich am 9.10.07 noch einmal:

Da die Landespolizeiverwaltung anscheinend nicht willens ist, ihren Lügenbrei aufzuarbeiten, habe ich mir erlaubt, mit den beigefügten Texten »Freund und Helfer« sowie »Die Lügenpolizei« nachzuhelfen.

Ich gehe davon aus, daß Sie den Herrn Polizeipräsidenten von dem Vorgang unterrichtet haben.

Da ich bisher keine Antwort von ihm erhielt, bitte ich Sie nunmehr, die Texte »Eine wäscht die andre Hand«, »Nutzen vor Wahrheit« und »Sprachlos« an ihn weiterzuleiten.

Mit freundlichen Grüßen
gez. H. Scheurer

Auch hierauf erfolgte keine Reaktion; am 9.10.07 wurde mir dann endlich die von mir zu unterzeichnende Vollmacht für den Psychologen zugestellt.

Daraufhin schrieb ich am 11.10.07 an die Polizeiverwaltung:

Das beigefügte Schreiben der Praxis des Psychologen ist am 9.10.07 per Post bei mir eingegangen.

Die mir von Ihnen großzügig gewährte Frist bis zum 10.10.07 konnte somit unmöglich eingehalten werden.

Ich kann mir vorstellen, daß dies auf die gute Zusammenarbeit zwischen ihm und der Polizeiverwaltung zurückzuführen ist.

Da es nicht meiner Art entspricht, irgendjemand in den Hintern zu kriechen, betrachte ich das Kapitel »fachpsychologisches Zeugnis«, das unter den gegebenen Umständen ohnehin als ein schlechter Scherz anzusehen ist, als abgeschlossen.

Wenn die Landespolizeiverwaltung ihre Untersagung vom 2.8.07 nicht zurücknimmt, werde ich die Angelegenheit meinem Anwalt übertragen.

Außerdem ziehe ich für diesen Fall in Betracht, den Vorgang mit den Ihnen übersandten Gedichten unter dem Titel

HH - POLIZEI

tief verstrickt im Lügenbrei

in der Stadt als Broschüre verteilen zu lassen.

Mit freundlichen Grüßen

gez. Hubertus Scheurer

Am 29.10.2007 schrieb ich den nachfolgenden Brief an den Innensenator Udo Nagel. Eine Antwort habe ich nicht erhalten.

Sehr geehrter Herr Senator,

zum Abschluß der »Mittleren Reife« erhielt ich von meiner Schule das großartige Buch »Freiheit unser höchstes Gut« mit einem schönen Vorwort des Senators Heinrich Landahl.

Er schrieb dort u.a.: »Jede Generation muß sich die Freiheit von neuem erobern, sie verteidigen und sichern. Dieses Buch soll Euch ein Wegweiser sein, denn auch Ihr seid dazu aufgerufen, unsere wiedergewonnene Freiheit in ihrer Würde zu halten.«

Nach meinen Erfahrungen in Hamburg scheinen wir davon heute weit entfernt zu sein.

Da mich die Worte des Senators mein Leben lang begleitet haben und zur Maxime meines Handelns wurden, möchte ich das beigefügte Manuskript als Broschüre drucken lassen und veröffentlichen.

Mit freundlichen Grüßen

gez. Hubertus Scheurer

Denunziant im tauben Land

Lieber Schatz, hör einmal her,
Ich schoß mit dem Luftgewehr,
Dieses Mal nun nicht auf Scheiben,
Nein, um Tauben zu vertreiben,

Die im Garten, wie ich fand,
Nahmen reichlich überhand;
Wären als Bazillenträger
Eigentlich was für die Jäger,

Doch die kommen erst ins Spiel,
Wenn's Kind in den Brunnen fiel;
So lang wollte ich nicht warten,
Denn ich denk, im eignen Garten

Trag ich, kann es anders sein,
Die Verantwortung allein.
Nun, mein Schatz, Du wirst gleich sehen,
Daß die Uhren rückwärts gehen;

So wie damals hier im Land,
Ist auch heut ein Denunziant
Bei der Polizei erschienen,
Um sich dieser anzudienen;

Und die kam sofort vorbei.
Vier Beamte warn so frei,
In die Wohnung einzudringen,
Schließlich sollte es gelingen,

Hier zu führn den Schuldbeweis,
Solang wär die Spur noch heiß.
Vier gleich gaben so die Ehre
Mir und meinem Luftgewehre,

Schrieben auf und zogen ab
Mit dem Hinweis, kurz und knapp,
Daß die Tat an dieser Stätte
Sicher noch ein Nachspiel hätte.

Ja, so ist das hier im Staat,
Waffen trägt man als Soldat,
Muß damit auf Menschen schießen,
Wenn die Kriegsherrn dies beschließen.

Dafür zog man mich einst ein,
Sollte gut gerüstet sein;
Menschen darf ich gern entleiben,
Tauben aber nicht vertreiben.

Pöbel

Frau H., Du kennst sie noch, mein Schatz,
Macht jetzt des öfteren Rabatz,
Erscheint mir heut so fremd und kühl
Als Schreihals, ihr fehlt das Gefühl.

Ich nenn sie jetzt Frau Pöbelmann,
Weil sie so deftig pöbeln kann;
So pöbelt sie sogar mitunter
Von oben, vom Balkon herunter.

Konnt mich zuerst damit erschrecken,
Dann nur noch mein Bedauern wecken.
Ich sag mir, die Frau Pöbelmann
Gehört nun mal dem Pöbel an.

Frau Pöbelmann

Liebste, es geht um die Tauben,
Die des Nachts den Schlaf mir rauben;
Ihr Gegurre auf dem Dach
Hält mich immer wieder wach.

Dies begann mit Deiner Pflege,
Der »finalen«, auf dem Wege
Hin zu Deinem Sterbetag,
Der so nahe vor uns lag.

Nacht für Nacht bin ich gekommen,
Hab Dich in den Arm genommen,
Dir erleichtert Deine Pein,
Bis Du schliefst beruhigt ein.[1]

Doch wenn dann die Tauben kamen,
Mir die letzten Nerven nahmen,
Mußte ich schon etwas tun,
Um ein wenig auszuruhn.

Also hab ich sie vertrieben,
Was wär mir wohl sonst geblieben?
Stand ich doch in schwerster Pflicht,
Säumte auch bis heute nicht.

Das, was sich nun zugetragen,
Bringt erneut mir Unbehagen.
Stell Dir vor, Frau Pöbelmann
Zeigte mich jetzt gleichfalls an,

Weil sie, so wurd mir berichtet,
Eine Taube tot gesichtet,
Und die werte Polizei,
Wieder kam sie gleich vorbei;

Will den Fall, nur schwer zu fassen,
Gründlich untersuchen lassen;
Hat sich doch kaum Müh' gemacht,
Als man Dich fast umgebracht.[2]

So nun friste ich mein Leben,
Wie mir scheint, von Pack umgeben,
Hoffe, nicht mehr allzulang,
Wart auf meinen Abgesang.

[1] Sh. »Für Dich«, S. 127, »Mein Puschi komm!«
[2] Sh. »Mir reicht's! Deutschland ade«, S. 59, »Der erschlagene Lump«

Schnelle Brüter

Schatz, die Landespolizei
Tischte auf mir Lügenbrei,
Hat, wie's hier im Land so geht,
Wieder Tatsachen verdreht.

Schrieb, ich könnt mit Luftgewehren
Nicht verantwortlich verkehren,
Dazu wär ich, ohne Frage,
Wie es heißt, nicht in der Lage.

Das nun ausgerechnet mir,
Dem Reserveoffizier,
Der, ich glaub, mich tritt ein Pferd,
Waffenumgang hat gelehrt.

Würd ich trotzdem dabei bleiben,
Damit Tauben zu vertreiben,
Käm ich, das wär schon recht bitter,
Bis drei Jahre hinter Gitter.

Ich frag, zeigt nicht dieser Staat
Sich erkenntlich in der Tat?
Doch auch früher hieß es schon:
Undank ist der Welten Lohn.

Wie in Deutschlands dunklen Jahren
Scheint mir, was mir widerfahren,
Und ich denk, man sollt beizeiten
Das Bewußtsein dafür weiten.

Damals kam man, gar nicht nett,
Allerdings gleich ins KZ;
Häufig wurde dann der Fall
Endgelöst mit einem Knall.

Heut ersetzt man Ordnungshüter
Öfter mal durch schnelle Brüter,
Die nicht Recht und Ordnung pflegen,
Sondern faule Eier legen.

In Uniform

Er muß nicht grade klug sein,
Doch wenigstens korrekt,
Wenn man ihn in die Uniform
Mit Machtbefugnis steckt.

Es ist von großem Übel,
Wenn ihm gleich beides fehlt,
Weil er, das kommt dabei heraus,
Dann andre Menschen quält.

Am besten, er hätt' beides,
Doch wer ist schon perfekt?
So freut es, wenn man solchen
In Uniform entdeckt.

Erlaubte Dummheit?

Mit dreizehn Jahren hatte ich
Mein erstes Luftgewehr,
Und damals fragte niemand sich,
Ob das in Ordnung wär.

Man wußte, auf mich war Verlaß,
Ich konnt damit umgehn,
Mußte so früh, das ist kein Spaß,
Auch meinen Mann schon stehn.

Mein Vater, der ein Jäger war,
Hat's Schießen mich gelehrt,
Wenn die Begründung ich mir spar,
Sein Tun war nicht verkehrt.

Verantwortlich mit dreizehn schon,
Und heute heißt es nein,
Die Polizei spricht selbst sich Hohn,
Wie dumm darf sie wohl sein?

Im Taubenstall

Das Gegurre heute nacht
Hat mich wieder wach gemacht;
Ich schlug übern Kopf die Hände,
Weil ich dachte, ich befände

Mich in einem Taubenstall,
Etwas anders war der Fall;
Nein, ich lag in meinem Bette,
Tauben gurrten um die Wette;

Horch, was kommt von draußen rein,
Eine Taube müßt man sein,
Denn das Taubesein, es brächte
Mit sich ganz besondre Rechte.

Wenn des Nachts man andre stört,
Wird das einfach überhört,
Und man hätt ein schönes Leben,
Braucht dem Staat nichts mehr zu geben,

Der doch ohnehin im Geist
Sich nicht selten taub erweist;
Läßt dann oft von tauben Köpfen
Obendrein den Bürger schröpfen,

So daß manche hohle Nuß
Der auch noch ernähren muß;
Es ist wirklich kaum zu glauben,
Besser haben es da Tauben.

Der böse Blick

Daß die alte Pöbelmann
Wie ein Rohrspatz schimpfen kann,
Ist bekannt als Sachverhalt,
Läßt uns mittlerweile kalt.

Neu ist aber dieser Tick,
Sie straft mit dem bösen Blick;
Da wurd selbst die Taube schwach,
Fiel sogleich vor Schreck vom Dach.

Vielleicht war das auch ein Trick,
Denn sie brach sich das Genick;
Pöbelmann, das liegt nicht fern,
Hat sie jetzt zum Fressen gern.

L-Effekt nicht entdeckt

Lieber Schatz, im zweiten Band,
Der nur noch für Dich entstand,
Schrieb ich auch vom Lügenbrei
Unsrer werten Polizei.

Sie erhielt zur bessren Sicht
Von mir jeweils ein Gedicht;
Einen Läuterungseffekt
Hab ich jedoch nicht entdeckt.

Es blieb aus die Resonanz,
Sozusagen voll und ganz;
Doch auch das nehm ich in Kauf,
Geb die Hoffnung noch nicht auf.

Auf den nächsten Seite steht,
Wie die Sache weitergeht,
In Gedichtform und fürwahr
Sende ich ein Exemplar

Davon dann der Polizei;
Die gewinnt sogar dabei,
Wenn sie sich der Wahrheit stellt
Und ans Grundgesetz sich hält.

Freund und Helfer

Daß die werte Polizei
Mir ein Freund und Helfer sei,
Widerlegt sie einwandfrei
Schon mit ihrem Lügenbrei.

Tritt, scheint mir, das Recht mit Füßen,
Adolf Nazi, er läßt grüßen,
Ich soll, wirklich schwer zu fassen,
Therapeutisch prüfen lassen,

Ob ich in der Lage wär,
Dies betrifft mein Luftgewehr,
Vollverantwortlich zu sein,
Ich erweckte nicht den Schein.

Hatt' ich Tauben doch vertrieben,
Wie zuvor bereits beschrieben,*
Und dabei ganz unverdrossen
Wiederholt mit Luft geschossen.

So könnt durch den frischen Wind
Sich erkälten gar ein Kind,
Das zugleich beim Denunziant
In dem Garten sich befand.

Hiermit will ich mich begnügen,
Komme gern noch auf die Lügen,
Das ist auch ein starkes Stück,
Dann ein andermal zurück.

Sh.: »Denunziant im tauben Land/Frau Pöbelmann«

Die Lügenpolizei

Wenn ich spräche von den Lügen
Unsrer werten Polizei,
Müßte ich, so tat man rügen,
Sagen, was hier Sache sei.

Also gut, ich werd berichten
Von den Lügen eins bis drei,
Ohne was hinzuzudichten,
Entsteht so der Lügenbrei.

Lüge eins, die Denunzianten
Hätten ein Gespräch geführt,
Weil sie die Gefahr erkannten,
Doch ich hätte nichts kapiert.

Nein, so ist das nicht gewesen,
Ein Gespräch das gab es nie,
Eine der verlognen Thesen,
Polizei hat Phantasie.

Zweitens, ich hätt vorgelesen
Ein Gedicht der Polizei,
Ich wollt, es wär so gewesen,
Doch auch dies erfand sie frei.

Tat sich selber widerlegen
Mit der Lüge Nummer drei,
Daß vom Abschuß, na von wegen,
Im Gedicht die Rede sei. *

Nun, ich denk, das sollt genügen,
Heißt es doch, dem glaubt man nicht,
Wer einmal lügt, hier warn's drei Lügen,
Selbst wenn er dann die Wahrheit spricht.

*Sh.: »Denunziant im tauben Land«

Wider die Wahrheit

Feind der Wahrheit ist der Wille,
Der verschrieben sich der Macht,
Auswächst sich in aller Stille,
Bis er jedes Recht verlacht.

Der im Scheine sich verkleidet
Als sucht er der Wahrheit Licht,
In der Wirklichkeit sie meidet,
Denn die Wahrheit nützt ihm nicht.

Macht die Lüge zu dem Wahren,
So, daß jetzt die Wahrheit lügt,
Und im weiteren Gebaren
Ehrlich scheint, der wer betrügt.

Darf man öffentlich nicht zeigen,
Was geschieht in einem Land,
Wird verordnet gar das Schweigen,
Führt das leicht zum Flächenbrand.

Wahrheit hinter Schloß und Riegel,
Lüge, die als Wahrheit gilt,
Zeigt dann wie in einem Spiegel
Das gesellschaftliche Bild.

Aus dem Buch: »Sokrates läßt Deutschland grüßen damit
Freiheit atmen kann«

Eine wäscht die andre Hand

Hamburgs Landespolizei,
Kann man lesen, war so frei,
Drang zu viert gleich, nicht grad fein,
Bei mir in die Wohnung ein,[1]

So als ob ich ohne Ehr
Gar ein Schwerverbrecher wär;
Die vergangne Nazi-Zeit
Schien zurück mir nicht sehr weit.

Damals war die Polizei
Gleich mit Massenmord dabei,[2]
Doch sensibel wurd sie nicht,
Jedenfalls aus meiner Sicht.

Steht stramm vor dem Denunziant,
Wenn er Einfluß hat im Land;
Ich denk ein Regierungsrat
Hat wohl solchen in der Tat.

Es ist polizeibekannt,
Eine wäscht die andre Hand,
So ging's auch der Mörderbrut
Dann im Rechtsstaat wieder gut.[3]

Hamburgs Landespolizei
Tischte auf mir Lügenbrei,[4]
Schaun wir, ob ihr Präsident
Sich zur Wahrheit nun bekennt.

[1] Sh.: »Denunziant im tauben Land«
[2] Sh.: »Frankfurter Allgemeine« v. 22.9.07:
Das BKA deckt seine düstere Vergangenheit auf
[3] Sh.: »Frankfurter Allgemeine« v. 22.9.07:
Nach dem Vorbild des Reichskriminalamtes
[4] Sh.: »Schnelle Brüter«

Nutzen vor Wahrheit

Leider liegt der Präsident,
Dacht ich's mir schon, voll im Trend:
Wahrheit und Wahrhaftigkeit
Passen nicht in unsre Zeit.

So mißt er dem Lügenbrei
Seiner Landespolizei,
Was im Lande üblich sei,
Keinerlei Bedeutung bei.

Lügt zudem der Polizist,
Weil das durchaus nützlich ist,
Zeigt sich, wie es so schön heißt,
Hier sogar ein Mann von Geist.

Deshalb gilt für jedermann,
Auf den Nutzen kommt es an;
So ist's besser, man vergißt
Wahrheit, die nicht nützlich ist.

Sprachlos

Dem Präsident der Polizei
Hat die Sprache es verschlagen,
Dabei liegt der Lügenbrei
Ihm doch gar nicht auf dem Magen.

Vielleicht will er einfach nicht
Der Verantwortung sich stellen,
Würde in der Wahrheit Licht
Was im argen liegt erhellen.

Oder fehlt ihm wohl der Mut ?
Wer hat schon im Land Courage,
Sie tät einem Rechtsstaat gut,
Letztlich bleibt sonst die Blamage.

Den Wahrheitsunterdrückern

Die Mächtigen im deutschen Land,
Die Wahrheit unterdrücken,
Stoßen bei mir auf Widerstand,
Vor ihnen mich zu bücken,

Dazu nun bin ich nicht bereit,
Werd mich nicht davor scheuen,
Mit Mut in Furchen unsrer Zeit
Auch Taten einzustreuen.*

Die mit Wahrhaftigkeit gesät,
Solln einmal Früchte tragen,
Den Mächtgen, wenn's zur Ernte geht,
Bereiten Unbehagen.

*Sh.: Friedrich v. Schiller, Gedankengedichte, »Der Sämann«

Was hält mich hier?

Mein Liebling, lang schon wär ich fort,
Was hält mich noch an diesem Ort?
Die Wohnung, die mir heilig ist,
Wo Du allgegenwärtig bist.

Ein jeder Gegenstand erzählt
Von Dir, Du hast ihn ausgewählt;
Schau ich ihn an, kann ich Dich sehn,
Als wär es eben erst geschehn.

Die Wohnung wurd für kurze Zeit
Dann von der Polizei entweiht,
Die sich den Zutritt hat verschafft,
Gefühllos kalt umhergegafft.

Ich denke oftmals noch daran,
Hoff, daß ich es vergessen kann,
Daß man mich für des Lebens Rest
Zumindest hier in Ruhe läßt.

Nur Du hältst mich in diesem Land
Durch der Erinnrung tiefes Band;
Holt mich der Tod, möcht ich allein
Mit Dir in unsrer Wohnung sein.

Taubenjagd in einem Jet

Bald, Schatz, reicht mein Luftgewehr
Wohl der Polizei nicht mehr;
Dann schoß ich, schenkt man ihr Glauben,
Mit der Panzerfaust auf Tauben.

Das hätt aus Beamtensicht
Gleich ein stärkeres Gewicht,
Schließlich war ich, konnt man lesen,
Ja beim Militär gewesen.

Auch ein Nachbar findet sich
Zum Beweis ganz sicherlich,
Der beim Abschuß durch das Knallen,
Ist aus seinem Bett gefallen.

Mit dem so erzeugten Druck
Ging durchs Haus ein solcher Ruck,
Daß das Dach wurd angehoben,
Tauben drauf im hohen Bogen
Salto rückwärts runterflogen.

Oder, das gäb noch mehr her,
Ich war bei der Bundeswehr,
Das wiegt schwer, zuerst ein Flieger,
Also gar ein warmer Krieger

Und verfolgte, das klingt nett,
Tauben nun mit einem Jet;
Da mußt', wer wollt das bestreiten,
Doch die Polizei einschreiten.

Die Broschüre

HH – Polizei
Tief verstrickt im Lügenbrei,
Bracht' ich als Broschüre raus
Dem Senator gleich frei Haus.

Nachdem auch ihr Präsident
Diesen Vorgang hat verpennt,
Kann's doch sein, warum auch nicht,
Daß jetzt der Senator spricht.

Hab den Nagel, das war offen,
Doch nicht auf den Kopf getroffen,
Denn der Kopf war wohl zu klein,
Wird der Grund gewesen sein.

Deshalb ging der Schlag daneben,
Nun was soll's, so ist das eben,
War vergeblich mein Bestreben,
Kakaponien treu ergeben,*
Soll hoch der Senator leben!

*Sh.: Erlebnisse im Hotel, Band VIII, Seite 127, »Kakaponien«

Mit Schreiben vom 11.3.2008 wurde mir von der Landespolizeiverwaltung Hamburg mitgeteilt:
1. Ihr Widerspruch vom 9.8.07 wird zurückgewiesen.
2. Die Kosten des Widerspruchverfahrens trägt der Widerspruchsführer.

Die Wiedergabe der Begründung durch die Polizeiverwaltung kann ich mir ersparen, da keine neuen Argumente vorgetragen wurden.

Ich habe meinen Anwalt daraufhin gebeten, eine Klage beim Gericht einzureichen und ihm folgendes dazu geschrieben:

Aus dem Widerspruchsbescheid ist der Begründung unter 1. zu entnehmen, »daß Tatsachen bekannt geworden sind, die die Annahme rechtfertigen, daß dem Besitzer (Scheurer) die für den Erwerb oder Besitz solcher Waffen und Munition erforderliche persönliche Eignung und die Zuverlässigkeit fehlt«.

Diese Behauptung ist eine Unverschämtheit, eine Beleidigung und Verleumdung meiner Person, die ich mir nicht gefallen lasse.

Ich sehe hierin auch eine Beleidigung der Bundeswehr, bei der ich Soldaten an der Waffe ausgebildet habe und wo ich aufgrund meiner Zuverlässigkeit und Eignung zum Offizier ernannt wurde. Daran hat sich bisher nichts geändert, auch nicht im Hinblick auf meinen körperlichen Zustand.

Offenbar basiert obige Unterstellung auch auf der unwahren Behauptung, daß Nachbarn angegeben hätten, ich wäre »nicht in der Lage, die Tragweite des leichtfertigen Umgangs mit meinem Luftgewehr zu verstehen«. (Sh. Schreiben der Polizeiverwaltung vom 2.8.07)

Wenn dies auch von den Polizeibeamten behauptet wird, muß ich fragen, wie es möglich ist, daß solche Personen überhaupt Polizeibeamte werden können.

Von der »Unverletzlichkeit der Wohnung« und dem »Schutz der Menschenwürde« haben sie offenbar nichts gehört oder nichts verstanden und ihr unsensibles Auftreten mir gegenüber erinnert mich an die schlimmsten Zeiten deutscher Geschichte.

Unter 1. wird zudem behauptet, daß von mir eine Gefahr für die Sicherheit ausgeht.

Dies wird u.a. damit begründet, daß ich »zugegeben« haben soll, daß ich Tauben mit dem Luftgewehr beschießen würde.

Es handelt sich hierbei wieder um eine unwahre Behauptung.

Ich habe lediglich gesagt, daß ich Tauben vertreiben würde. Etwas anderes ergibt sich auch nicht aus dem eingereichten Gedicht. (Sh. »Denunziant im tauben Land«)

Anscheinend sind die Beamten aber nicht in der Lage oder nicht willens, den Inhalt des Gedichtes korrekt wiederzugeben.

Dies gilt auch für die Polizeiverwaltung, die inzwischen genug Zeit gehabt hat, um die tatsächlichen Aussagen des Gedichtes nachzuvollziehen.

Die nachbarlichen Denunzianten, die mich mit dem Luftgewehr im Garten »herumlaufen« sahen, haben zwar Schußgeräusche gehört, jedoch wurden dabei keine Projektile verwendet.

Hierzu erhalten Sie die beigefügte Skizze und folgende Erklärung:

Mein Grundstück wird zum Nachbarn auf der linken Seite durch einen 1 m hohen Maschendrahtzaun abgegrenzt; dann folgt eine 1,80 m hohe Holzwand bis zu den Schuppen, die aus einem festen Mauerwerk bestehen.

Den Platz, auf dem sich die Tauben befanden, habe ich markiert; daneben befindet sich eine etwa 2 ½ m breite Zufahrt zu den Garagen.

Über die Einfahrt hinweg habe ich sechs Tauben (ich bin dabei nicht gelaufen, sondern gegangen) vor mir hergetrieben, indem ich auf einer Entfernung von 12 m fünfmal mit dem Luftdruck des Gewehrs einen Knall erzeugte, bis die Tauben fortgeflogen sind.

Wenn ich Projektile verwendet hätte, kann davon ausgegangen

werden, daß ich Tauben aus 3 m Entfernung mit Sicherheit getroffen hätte, wenn dies meine Absicht gewesen wäre.

Ansonsten hat mich nie ein Nachbar beim Schießen gesehen, weil sichergestellt war, daß sich keine Person in der Nähe befand.

Im Polizeibericht vom 8.7.07 heißt es dazu auf Seite 2: »Bis dato wurde er (Scheurer) beim Schießen mit dem Luftgewehr durch keinen Nachbarn beobachtet.«

In diesen Fällen habe ich aus meiner Dachgeschoßwohnung gegen eine Stahlplatte, die sich über dem Schornstein befindet, geschossen und die Tauben durch das scharfe Geräusch, das sich dadurch ergab, vertrieben. Zusätzlich benutzte ich eine Schreckschußpistole.

Dies fand in der Frühe gegen 6 Uhr statt, und um diese Zeit konnte sich niemand auf dem Dach, das auch nicht zugänglich ist, befinden.

Außerdem habe ich ein übersichtliches freies Schußfeld, so daß jede Gefährdung einer Person auch aus diesem Grund absolut ausgeschlossen war.

Aus meinem Schreiben vom 9.8.07 an die Polizeiverwaltung geht eindeutig hervor, daß ich mich einer fachpsychologischen Untersuchung unterziehen lassen wollte.

Ich habe dies erst abgelehnt, nachdem meine diesbezüglichen Bemühungen zweimal boykottiert wurden, so daß ich annehmen mußte, daß es sich hier um eine abgekartete Sache handeln würde.

Die von der Polizeiverwaltung ausgesprochene Untersagung stützt sich u.a. auf folgende Lügen:

1. Ich hätte im Gespräch mit den Nachbarn keine Einsicht betreffend meines gefährlichen Verhaltens gezeigt.
2. Ich hätte den Beamten ein Gedicht vorgelesen.
3. In dem Gedicht sei vom Abschuß der Tauben die Rede.

Bisher hat es die Polizeiverwaltung nicht für nötig gehalten, diese Lügen einzuräumen und eine Richtigstellung vorzunehmen.

Darauf möchte ich auch im rechtsstaatlichen Interesse in jedem Fall bestehen, und ich bitte Sie, dies ganz klar herauszustellen. Ich möchte Sie bitten, mein Schreiben der Klage beizufügen und verbleibe

Mit freundlichen Grüßen
gez. Hubertus Scheurer

Am 10.4.08 wurde meinem Schreiben entsprechend von meinem Anwalt die Klage beim Verwaltungsgericht Hamburg eingereicht. Es war nicht anders zu erwarten, daß die Polizeiverwaltung beantragte, die Klage abzuweisen.

Den Fortgang habe ich in den nachfolgenden Gedichten dargestellt.

Der gerichtliche Ausgang dieser Angelegenheit kann sich erfahrungsgemäß noch sehr lange hinziehen.

Darauf möchte ich nicht warten; deshalb wurde er von mir in zwei möglichen Versionen mit dem Gedicht »Ein Lichtblick« vorweggenommen.

Am 12.6.2008 hat die Polizei mein Luftgewehr und meine Schreckschußpistole mit der dazugehörigen »Munition«, nach vorheriger Ankündigung, in meiner Wohnung abgeholt.

Ich habe diesen Vorgang in einigen der nachfolgenden Gedichte dokumentiert und der Polizeiverwaltung am 10.6.08 geschrieben:

In der Anlage erhalten Sie zusätzlich einige Gedichte, die geeignet sein könnten, der Verdummung sowie der geistigen und moralischen Verwahrlosung der Hamburger Polizei und ihrer Verwaltung entgegenzuwirken.

Ich möchte noch darauf hinweisen, daß die Gefahr, die von einem Luftgewehr ausgeht, niedriger einzuschätzen ist als dies bei anderen in meinem Besitz befindlichen »Waffen« der Fall ist.

So erhielt ich bei der Bundeswehr u.a. die Anleitung, wie man Menschen mit einem Spaten erschlägt.

Es wäre daher folgerichtig, auch die in meinem Besitz befindlichen Gartengeräte zu beschlagnahmen.

Mit freundlichen Grüßen
gez. Hubertus Scheurer

<u>Anlagen:</u>
Fortschritt
Rückschritt
Mit fünfzehn Jahren
Keine Rüge trotz der Lüge
Ein schönes Ei
Bürger schröpfen

Bürger schröpfen!

Polizei schien hilfsbereit,
Mir, in meiner Jugendzeit,
Und ich konnte mit Vertrauen
Auf die Polizisten schauen.

Damit ist es nun vorbei,
Wer vertraut der Polizei?
Wenn wir Leute heut befragen,
Spürn sie eher Unbehagen.

Lieber, gibt man zu verstehen,
Will man sie von hinten sehen,
Denn ist wirklich Not am Mann,
Kommt's auf einen selber an.

Kein Beamter weit und breit,
Schließlich braucht er seine Zeit,
Sonst kriegt er das Tagessoll
Für das Abkassiern nicht voll.

Freund und Helfer, welch ein Denken,
Antiquiert, kann man sich schenken;
Schiefohrn mit den hohlen Köpfen
Sind gefragt, die Bürger schröpfen.

Keine Rüge trotz der Lüge

Hamburgs Polizeiverwaltung,
Sie bewahrte ihre Haltung:
Auch wenn Polizisten lügen,
Wär dies keinesfalls zu rügen.

Und, das Widerspruchsverfahren
Könnt mein Anwalt sich ersparen,
Denn wer widerspricht, muß löhnen;
Daran sollt ich mich gewöhnen.

Dazu sag ich: Nein! Mitnichten,
Lassen wir den Richter richten;
Schaun wir, ob die Staatsgewalten
So wie einst zusammenhalten;

Jene Bürger unterdrücken,
Die sich nicht vor ihnen bücken.
Schon recht traurig, doch scheint vage,
Mir der Ausgang meiner Klage.

Trotzdem werd dem Recht zu Ehren
Ich mich wieder einmal wehren,
Um in Reimen vorzutragen,
Was der Richter hat zu sagen.

Doch vernehme er die Kunde:
Mit der Unwahrheit im Bunde,
Richtet er das Recht zugrunde,
Und das Recht geht vor die Hunde.

Sokrates läßt deshalb grüßen,
Damit Freiheit atmen kann,
Noch tritt man sie hier mit Füßen,
Seine Botschaft kam nicht an.

Zwei Versionen

Den »Lichtblick« geb aus gutem Grund
In zwei Versionen ich gleich kund;
Denn wie's auch kommt, im großen ganzen,
Mag einer aus der Reihe tanzen,

Ändert das nichts in einer Welt,
Die sonst von Wahrheit nicht viel hält;
Und hier im Staat die Mühlen mahlen
Nur dann schnell, muß der Bürger zahlen;

Doch wenn der Bürger etwas will,
Mahln langsam sie, stehn oftmals still;
Ich aber möcht mit eignen Händen
Beizeiten dieses Buch beenden.

Ein Lichtblick

Es gibt ihn noch, und das läßt hoffen,
Den Richter, der vom Grund her offen,
Für Wahrheit und Gerechtigkeit,
Der sich nicht beugt dem Geist der Zeit.

So konnt' ich dieses Mal erleben,
Wie er der Klage stattgegeben
Und eine Staatsverwaltung rügt,
Wenn sie so unverhohlen lügt.

Nach allem, was ich hab erfahren,
In den vorausgegangnen Jahren,
Erwartete ich wirklich nicht
So einen Lichtblick vom Gericht.

Fortsetzung:

Version 1

Ein Lichtblick, es bleibt angemessen,
Darüber dies nicht zu vergessen:
Die Ausnahme bestätigt sie,
Die Regel, und wie wäre die?

Der Richter wär der leidige;
Er spräche: Ich verteidige
Die Staatsinteressen; seine Sicht,
Schildert das folgende Gedicht.

Version 2

Ein Lichtblick, diesen wunderbaren,
Erlebt' ich, war mir dann im klaren,
Ich hatt' geträumt vom schönren Sein,
Die Wirklichkeit holte mich ein.

Der Richter war der leidige
Und sprach, daß er verteidige
Die Staatsinteressen; seine Sicht
Schildert das folgende Gedicht.

Der leidige Richter

Der Richter tat mir richtig leid;
Was sollte er auch sagen?
Saß da im schwarzen Robenkleid,
Begann dann vorzutragen:

Der Staat, mein Staat hat immer recht,
Hat mir das Recht gegeben,
Auf seine Kosten, das nicht schlecht,
In diesem Land zu leben.

Da muß ich ihm doch dankbar sein
Und zwar aus freien Stücken,
Ich stellte mir sonst selbst ein Bein,
Fiel ich ihm in den Rücken.

Das war zu allen Zeiten gleich,
Daran wird sich nichts ändern,
Beim Kaiser schon, im Deutschen Reich,
Sowie in andern Ländern.

Deshalb gibt es auch keinen Grund
Zum Widerspruch, zum Klagen,
Was immer dieser Staat tut kund,
Muß man mit Fassung tragen.

Schlaft gut!

»Nur noch für Dich«, Band Nummer drei,
Inklusive Lügenbrei
Unsrer werten Polizei,
Bracht im Rathaus ich vorbei.

Hundert Stück gut an der Zahl,
Ich dacht mir, nun lest das mal,
Damit in der Bürgerschaft
Ihr nicht ganz und gar erschlafft.

Euer erster Mann, welch Fluch,
Bekam jetzt das dritte Buch,
Doch mir scheint, der arme Tropf,
Hat auch nur sein Wohl im Kopf.

Nun, ich hatte falsch gedacht,
Nicht ein einzger ist erwacht,
Was mir keinen Abbruch tut,
Deshalb sag ich: Schlaft nur gut!

Fortschritt

Hitler hat den Mensch, der denkt,
Per Gerichtsbeschluß gehenkt,
Wenn er wagte aufzumucken,
Wollt vorm Führer sich nicht ducken.

Im geteilten deutschen Staat,
Hinter Mauer, Stacheldraht,
Wurden auf der Flucht erschossen,
Flüchtlinge von den Genossen.

Fragt man, wie wir heute leben,
Will ich gern die Antwort geben:
Ja, wir leben auf dem Mist, [*)]
Der ein großer Fortschritt ist.

[*)] Sh.: »Sokrates läßt Deutschland grüßen damit Freiheit atmen kann«,
S. 133, Leben wir denn auf dem Mist?

Rückschritt

Hamburgs Polizeiverwaltung
Blieb bei der verlognen Haltung,
Ließ mir flattern auf den Tisch,
Nunmehr einen neuen Wisch.

Statt sich zu entschuldigen,
Wahrheit mal zu huldigen,
Kam ein weiteres Verbot;
Deutschland, Deutschland, ich seh rot.

Darf kein Luftgewehr besitzen,
Einer von den schlechten Witzen,
Das, sie nannte keine Frist,
Sofort abzugeben ist.

Kommt die Polizistenmeute
Wieder, so frag ich mich heute,
Um mich aus dem Haus zu zerrn,
Ins Gefängnis einzusperrn?

Polizei und Neuengamme, [*]
Trüb scheint mir der Freiheit Flamme,
Doch noch mag ich hier nicht fort,
Hält die Liebste mich am Ort.

Ich werd wechseln, wenn es geht,
Meine Nationalität;
Vielleicht lebt hier auf dem Mist
Besser, wer kein Deutscher ist.

[*] Ehemaliges KZ im Randbezirk von Hamburg

Hubertus Scheurer im Alter von 15 Jahren mit seinem Luftgewehr.

Siehe „Erlaubte Dummheit?":

Mit dreizehn Jahren hatte ich
Mein erstes Luftgewehr,
Und damals fragte niemand sich,
Ob das in Ordnung wär. ...

Mich wundert gar nichts mehr

Gut sechzig Jahre ist es her,
Da holte man das Jagdgewehr
Vom Vater aus der Wohnung weg,
Für mich als Kind ein großer Schreck.

Ich weiß noch, damals sind zu viert
Soldaten in das Haus marschiert;
Danach konnt man mich glücklich sehn,
Dem Vater war ja nichts geschehn.

Heut nun kam unsre Polizei
Mal wieder, nur zu zweit, vorbei
Und zog, mich wundert gar nichts mehr,
Mein Luftgewehr aus dem Verkehr.

Doch dazu sag ich nur so viel:
Sie war sehr freundlich, hatte Stil,
Was mir in diesem Fall gefiel,
Kam außerdem auch in Zivil.

Es waren diesmal Mann und Frau,
Durchaus gelungen ihre Schau;
Die Frau zudem hübsch anzusehn;
Ich frag mich, wie wird's weitergehn?

Nicht alle können Spaß verstehn

In diesem Fall ist's so gewesen,
Der Polizei hab vorgelesen
Ich in der Tat eins der Gedichte
Und zwar, die Taubenjagdgeschichte. [*]

Ich wollte sie damit erheitern,
Doch meine Absicht sollte scheitern;
Sie schien verwirrt und vor Entsetzen,
Da fiel sie fast von ihren Plätzen,

Und meinte, ich sei nicht ganz ohne,
Hätt wohl der Polizei zum Hohne,
Im Haus tatsächlich, wo ich wohne,
Zur Panzerabwehr die Kanone.

Natürlich wollten nun die Helden
Auch diesen Umstand sofort melden,
Damit aufgrund der ernsten Sache,
Man eine Hausdurchsuchung mache.

Doch ich schwor dann bei meiner Ehre,
Daß hier im Haus ein Jet nicht wäre,
Genausowenig die Kanone,
So daß die Nachforschung nicht lohne.

Sie schenkte mir dann doch noch Glauben,
Wer schießt schon mit Kanonen Tauben;
Zumindest ist auch hier zu sehen,
Nicht alle können Spaß verstehen.

[*] Sh.: »Taubenjagd in einem Jet«

Den Hintern schließen

Die Polizei kam raus ganz groß,
Mein Luftgewehr, das bin ich los;
Doch damit warn wir noch nicht quitt,
Sie nahm auch die Pistole mit;

Zugleich die Schreckschußmunition,
Denn ohne sie gibt's keinen Ton;
Dazu dann noch für's Luftgewehr,
Die Eierbecher, bitte sehr.

Warum? Na klar, bei meinen Nerven
Könnt ich damit auf Tauben werfen,
Und das wär diesen lieben, guten,
Natürlich gar nicht zuzumuten.

Fehlt, daß sie mir den Hintern schließen,
Dies würd mich allerdings verdrießen,
Weil Tauben auch bei strengen Düften,
Das Weite suchen in den Lüften.

Ein schönes Ei

Den Kopf schrieb ich mir wieder frei,
So leg ich gleich ein schönes Ei
Für alle, die die Bürger schröpfen
Und jene mit den hohlen Köpfen.

Ich konstatier mit Fug und Recht,
Bei ihrem Anblick wird mir schlecht;
Der Bundestag, er sollt beschließen,
Sie baldigst auf den Mond zu schießen.

Vielleicht hilft auch, wenn das nicht geht,
Eine Taubenschißdiät,
Bevor sie uns die Nerven töten
Und Freiheitsrechte gehen flöten.

Unser freies Recht

Was wir für das Rechte halten,
Gilt uns als Gebot; 1)
Wolln uns daraus frei entfalten,
Handeln nicht devot.

Trotzen drum den Paragraphen,
Jeglichem Verbot,
Wenn das Recht sie Lügen strafen,
Bringen es in Not.

Wer nie ein Verbot gebrochen,
Denken wir daran,
Daß er, der stets nur gekrochen,
Doch ein Schuft sein kann. 2)

Sh.: Hermann Hesse »Lektüre für Minuten«
zu 1) S. 99
zu 2) S. 78

Zwischenbericht

Der von meinem Anwalt am 10.4.2008 eingereichten Klage wegen der Anfechtung einer Waffenuntersagung, deren Abweisung die Polizeiverwaltung sogleich beantragte, wurde immer noch nicht, wir befinden uns jetzt im Januar 09, stattgegeben, obwohl die Justizbehörde sofort eine Zahlung von € 498,– verlangte und von mir erhalten hat und obwohl die Untersagung eindeutig auf unwahren Unterstellungen der Polizei beruhte.

Dagegen wurde ich im August 2008 zu einer völlig überflüssigen Vernehmung beim Landeskriminalamt vorgeladen. (Sh.: »Wieder Polizeigewalt«)

Damit jedoch nicht genug; die Polizeiverwaltung leitete danach über die Staatsanwaltschaft ein Verfahren beim Strafgericht gegen mich ein, weil ich die Waffen bis zur Abholung durch die Polizeiverwaltung im Besitz hatte.

Dazu ist zu sagen, daß mir mein Anwalt nach der »Waffenuntersagung« in einem Telefongespräch mitgeteilt hat, daß ich die Waffen an eine Person abgeben müßte, die zum Waffenbesitz berechtigt sei. Eine solche Person kenne ich nicht; deshalb bat ich den Anwalt, dies der Polizeiverwaltung mitzuteilen. Außerdem erklärte ich, daß die Waffen von der Polizei abgeholt werden könnten.

Hiervon setzte mein Anwalt die Polizeiverwaltung in Kenntnis, und ich hielt die Waffen bis zur Abholung bereit. Trotzdem war die Richterin der Ansicht, mich bestrafen zu müssen.

Mein Anwalt meinte, daß eine Berufung gegen das Urteil nur mit zusätzlichen Kosten für mich verbunden sein würde, weil ich auch in der nächsten Instanz keine Chance hätte.

Mich verwundert das nicht mehr, so daß ich mir einen weiteren Gang in so ein Gericht ersparen möchte.

Die Verfahrensweise der Polizeiverwaltung und auch die Verhandlung im Strafgericht wurden im Anhang in Gedichtform von mir kommentiert.

Ich habe das Vertrauen in die hiesige Rechtsprechung verloren und aufgezeigt, in welch einer maroden Rechtskultur wir in Deutschland schon wieder leben.

Die Freiheit in diesem Land scheint mir vor allem durch die Zustände im Innern gefährdet zu sein.

Es sei noch erwähnt, daß ich in dieser Sache bereits € 156,– an Strafgebühren für die Polizei und gut € 2.200,– für Anwaltskosten aufbringen mußte.

Wenn zusätzlich die gerichtlich verordnete Strafzahlung von € 6.500,– in Betracht gezogen wird, kann man die folgenden Verse verstehen, die einen Hinweis darauf geben, daß wir immer weiter in die Unfreiheit abgleiten.

Freiheit, diese schreibt man hier
Nur ganz groß auf dem Papier;
Von den Staatslakai'n entrechtet,
In der Wirklichkeit geknechtet,

Wird der Bürger kühl und dreist
Von den Mächt'gen abgespeist;
Mag die Stimme nicht erheben
Für ein freiheitliches Leben,

Denn, was kommt dabei heraus,
Nur ein Tiefschlag, kein Applaus.
Das war so zu allen Zeiten,
Denen, die für Freiheit streiten,

Hat es meist nichts eingebracht,
Ja, sie wurden drum verlacht;
Aufrecht gehn, hat seine Tücken,
So zieht vor man sich zu bücken.

Zum Polizeistaat

Längst sind gegangen wir den Pfad
Vom Rechts- zum Paragraphenstaat,
Wo Richter auf den Paragraphen
Sich ausruhn, Wahrheit Lügen strafen.

Der nächste Schritt scheint mir nicht weit;
Wir nähern uns vergangner Zeit,
Wo gänzlich man das Recht entkleidet
Und gleich die Polizei entscheidet.

In meinem Fall, so ihre Sicht,
Ist überflüssig das Gericht;
Es nützt nichts, wenn ich mich beschwere,
Weil ihr Entscheid endgültig wäre.

Was sie vollbracht hat, das macht Sinn,
So geht's zum Polizeistaat hin;
Das Grundgesetz, die Menschenwürde,
Für Polizisten keine Hürde.

Ein feiner Staat

Recht und Freiheit sollt ich schützen;
Dafür zog man mich einst ein,
Um dem deutschen Volk zu nützen,
Mußt ich gut gerüstet sein.

Lernt' den Wurf mit Handgranaten,
Schoß mit dem Maschin'gewehr,
Panzerfaust, schlug mit dem Spaten,
Unsrem Vaterland zur Ehr.

Weil ich mich so gut bewährte,
Ging ich ab als Offizier,
Der den Waffenumgang lehrte,
Und man gratulierte mir.

Heute nun ist das vergessen,
Man zog die Pistole ein,
Die zum Selbstschutz ich besessen,
Dies würd zu gefährlich sein.

Es war eine Schreckschußwaffe,
Die durch ihren lauten Knall,
Das begreift wohl selbst ein Laffe,
Schützen sollt vor Überfall.

Für die Polizei hingegen
War das gar nicht zu verstehn,
Sah, tat schriftlich dies belegen,
Nun von mir Gefahr ausgehn.

Ging's um Raub und Überfälle,
Und die gab es hier zuhauf,
War sie aber nie zur Stelle,
Nahm ein Protokoll nur auf.

Recht und Freiheit mein Bestreben,
Setzte ein mich in der Tat;
Jetzt könnt ich mich übergeben,
Schau ich diesen feinen Staat.

Soldat der Bundeswehr

Kämpfen darfst Du für das Land,
Soldat der Bundeswehr,
Doch bist Du einst im Ruhestand
Zählt das im Land nicht mehr.

Erfuhr ich selbst, war Offizier,
Erfüllte meinen Zweck,
Und unser Staat, er dankt es mir
Als wär ich für ihn Dreck.

Ich war Soldat der Bundeswehr,
Tat treulich meine Pflicht;
Jetzt trampelt man auf meiner Ehr'
Und spuckt mir ins Gesicht.

Sterben für Würste*

König Alfred, er darf werben
Für Salat- und Wurstverzehr.
Die Soldaten dürfen sterben
Für das Land und für die Ehr'.

Gegen Ehrabschneider streiten
Dürfen sie bei Strafe nicht,
Keine Wahrheiten verbreiten,
So verfügte das Gericht,

Wenn ein solcher Ehrabschneider
So wie König Alfred wär,
Wiegt die Wurstversorgung leider
Weitaus schwerer als die Ehr'.

75

Was wohl die Soldaten meinen,
Geben sie ihr Leben hin,
Bekommt jetzt das Sterben einen
Sehr erhebend neuen Sinn.

Für die Würste dürft ihr streiten,
Freut sich König Alfred sehr,
Kann den Umsatz er ausweiten,
Denn die Ehre zählt nicht mehr.

* Aus: »Erlebnisse im Hotel ...«, Bd. III

Die Suppenspucker*

Jetzt spuckt eine ganze Gruppe
Richter mir schon in die Suppe,
Doch die Gruppe mit Gewehr
Führte ich beim Militär.

Deshalb bleibe ich gelassen,
Weiß die Herren anzufassen;
Wenn sie wollen, kriegen sie
Eine Gruppentherapie.

Und gehn schließlich sie zu Werke,
Sagen wir in Truppenstärke,
Nein, ein guter Offizier
Steht durchaus auch aufrecht hier.

Wenn sie also noch mehr spucken,
Soll mich das nicht weiter jucken,
Denn auch ihnen, das voraus,
Geht einmal die Spucke aus.

Und die Spucke in den Suppen
Kann sich derart dort entpuppen,
Daß sie sich darin nicht hält,
Zurück auf die Spucker fällt.

* Aus: »Erlebnisse im Hotel ...«, Bd. VI

Wieder Polizeigewalt

Unsre Polizeigewalt
Hat sich wieder festgekrallt;
Will mir endgültig nun zeigen,
Wie sie Bürger bringt zum Schweigen;

Indem sie mich hinbefahl
Zum Verhör, die Zeit mir stahl,
Bei dem Amt für Kriminelle,
Für mich grad die richtge Stelle.

Alles, was zur Frage stand,
War auch vorher schon bekannt;
Das, so sag ich, sind Schikane
Modrig fauler Staatsorgane.

Gab danach noch keine Ruh,
Zog den Staatsanwalt hinzu;
Will mich damit bange machen,
Kann darüber doch nur lachen.

Bin gespannt, was dem einfällt,
Ob er mich bei Laune hält,
Stoff mir gibt zum Weiterschreiben,
Wenn ich mich an ihm kann reiben.

Nun, er war nicht klug genug,
Fiel herein auf Lug und Trug;
Seine Klage, schwer zu fassen,
Wurd gerichtlich zugelassen.

Und so steh, man glaubt es nicht,
Ich demnächst vorm Strafgericht;
Werde gern davon berichten,
In den folgenden Gedichten.

Zum Strafverfahren

Wahrlich, dümmer geht es nicht;
Man lud mich zum Strafgericht,
Weil ich, wirklich wunderbar,
Im Besitz der Waffen war,

Nachdem dies ward untersagt;
Deshalb wurd ich angeklagt.
Erst dacht ich, es sei ein Witz;
Falsch gedacht, ein Geistesblitz

Unsrer werten Polizei;
Das Gericht war drauf so frei,
Zeigte seinen geistgen Rang,
Zog gleich mit am selben Strang.

Den Besitz, es fragt sich bloß,
Wie wohl wird man solchen los,
Wenn, hätt man ihn fortgebracht,
Man erst recht sich strafbar macht.

Das hätt denen gut gepaßt,
Hätten sie mich dann gefaßt,
Mit den Waffen außer Haus,
Wär dies endgültig das Aus.

Deshalb nun verstrich die Frist,
Die zwar gleichfalls strafbar ist,
Bis die Polizei selbst kam
Und die Waffen an sich nahm.

Das ist hier der geistge Stand
Im gelobten deutschen Land;
Da wundert es wirklich nicht,
Daß die Pleite ist in Sicht.

Wieder mal im Strafgericht

Hier nun ist er, mein Bericht,
Wieder aus dem Strafgericht;[1]
Unser Anwalt ist dabei,
Selbstverständlich Polizei;

Jemand, wie es sich gebührt,
Der das Protokoll hier führt;
Dann, für mich ein neuer Brauch,
Hamburgs Staatsanwaltschaft auch,

Und, dies freut mich, immerhin,
Zudem eine Richterin.
Doch bei ihrem geist'gen Rang,
Währte Freude nicht sehr lang,

Denn es wurde ganz schnell klar,
Daß sie sich schon einig war,
Mit des Staates Anwaltschaft;
So trat folgendes in Kraft:

Richterin vom Strafgericht,
Mit dem strafenden Gesicht,
Gab nach einer halben Stund'
Ihre Urteilsfindung kund:

Sie sind schuldig, einwandfrei,
Denn die werte Polizei,
Da sie Freund und Helfer sei,
Wär gekommen gern vorbei;

Hätt die Waffen einkassiert,
Sogar den Empfang quittiert;
Doch es fehlte Ihr Gesuch,
Das ist in der Tat ein Fluch,

Der Sie nunmehr schuldig macht;
Uns hat er was eingebracht,
Und so fließt nun mangels Masse[2]
Ganz schön was in unsre Kasse.

So weit die Frau Richterin,
Ja, sie langte richtig hin,
Hatte aber unterdessen
Dabei sicherlich vergessen,

Daß mein Anwalt tätig war,
Interessiert nicht, offenbar,
Oder wollte sie's nicht glauben,
Um Moneten abzustauben?

War's vielleicht ein Akt der Macht,
Hatte sie sich wohl gedacht,
Um den Schreiber klein zu kriegen,
Werd ich auch das Recht verbiegen?

So könnt es gewesen sein,
Dazu fällt noch manches ein;
Das jedoch will ich mir schenken,
Mag sich jeder selber denken.

Dem, der trotzdem noch mal fragt,
Sei zum Abschluß dies gesagt:
Ich denk, solche Rechtsstrategen
Sollten besser Straßen fegen.

1) Sh.: Mir reicht's! Deutschland ade »Im Strafgericht«, S. 62
2) Strafgeld Euro 6.500,–

Ein Raffzahn

Wenn man von einem Raffzahn spricht,
Dann denke ich ans Strafgericht,
Und schon kommt mir die Richterin,
Die mich bestrafte, in den Sinn.

Es scherte sie nicht Lug und Trug,
Nein, sie sprang auf den gleichen Zug;
So wurde ich noch mal gelinkt,
Es heißt ja auch, daß Geld nicht stinkt.

Dafür stinkt es in diesem Staat,
Der mich erneut zur Kasse bat;
Den Rechtsstaat hab in meiner Welt
Ich mir ganz anders vorgestellt.

Für die Würde

Ein Mahnmal steht vor dem Gericht,
Der Geist geläutert wurd er nicht;
So bot ich an, für mein Betragen,
Wie Christus, mich ans Kreuz zu schlagen.*

Am besten gleich vor dem Gericht,
Das Mahnmal dabei gut in Sicht,
Damit die Richter in sich gehen,
Wahrhaft'ger Geist kann neu entstehen.

Mein Kreuz versöhnt mich mit dem Zorn,
So werd im Leid ich neu geborn,
Möcht durch den Tod ein Zeichen geben
Für mehr an Würde hier im Leben.

* Sh.: »Die Kreuzigung« in »Nur noch für Dich«, Band I, S. 95

Kriminelle – Polizei

Polizei und Kriminelle;
Wenn ich mir die Frage stelle,
Wen ich vorzieh von den beiden,
Wie würd ich mich dann entscheiden?

Sicher ist, den Kriminellen
Dürft ich mich entgegenstellen
Mit Gewalt, zwar ohne Waffen,
Sie aus meinem Hause schaffen.

Mit der Polizei hingegen
Dürfte ich mich nicht anlegen,
Wenn Hausfrieden, Menschenwürde
Sie verletzt, sind keine Hürde.

Nicht ganz leicht, sich zu entscheiden,
Besser sollt man beide meiden;
Letztlich kann man doch nicht wählen
Und nur auf sich selber zählen.

Die Zähne ziehn

Ich muß wohl doch ins Ausland fliehn,
Denn man will mir die Zähne ziehn;
Wer sich mal auf die Zunge biß,
Der ist sich der Gefahr gewiß,

Die vom Gebiß im Mund ausgeht,
Wenn zwischen Zähne was gerät.
Ich hatte kürzlich wieder Zwist,
Ein Mannsbild war's von Polizist.

Da knurrte nun mein Magen laut,
Der Mann hat ängstlich dreingeschaut;
Mein Mund ging auf, er sah's Gebiß,
Worauf er in die Hose schiß.

Nach diesem fürchterlichen Schreck
Solln nun auch meine Zähne weg;
Sie, da gibt's keinen Meinungsstreit,
Gefährdeten die Sicherheit.

Die letzte Tat

Ich sage, was ich meine
Und meine, was ich sag,
Weil ich, im falschen Scheine,
Was uns umgibt, nicht mag.

Die Freiheit, die ich meine,
Nur so kommt sie zum Zug,
Kämpf gegen das Gemeine,
Verlogenheit und Trug.

Ein jeder soll das hören,
Wacht auf im deutschen Staat,
Auf Freiheit Euch einschwören,
Bleibt meine letzte Tat.

Nutze Deine Möglichkeit*

Es gibt die Gerichtsbarkeit,
Die aus Willkür ihrer Macht,
Unabhängig von der Zeit,
Wahrheitsstreben nur verlacht.

Auf den Staat verlaß Dich nicht,
Magst ihm treu gewesen sein,
Fällt dann gar nicht ins Gewicht,
Kommts drauf an, bist Du allein.

Nur wenn Menschen bei Dir stehn,
Die ein wahres Sein bewegt,
Kannst Du einen Lichtblick sehn,
Der mit Dir Dein Handeln trägt.

Gleichwohl, die Verlorenheit,
Die dem Mensch wird offenbar,
Hält die Forderung bereit,
Sich zu stellen fest und klar

Seiner eignen Möglichkeit,
Darauf kommt es letztlich an,
Auf sich nehmen auch das Leid,
Damit Freiheit atmen kann.

*Aus: „Sokrates läßt Deutschland grüßen
damit Freiheit atmen kann", S. 31

Der Rechtsstaat ist kein Endzustand*

Der Rechtsstaat ist in keinem Land
Einmal erreicht im Endzustand,
Der fortan sich von selber trägt,
Wenn sich der Bürger schlafen legt.

Es ist gerade umgekehrt,
Wenn er nicht Wachsamkeit erfährt,
Verteidigt wird von jedermann,
Fängt langsam seine Wandlung an.

Der Einzelne steht in der Pflicht,
Damit der Rechtsstaat nicht zerbricht;
Dazu gehört, daß man sich wehrt,
Wenn Recht ins Unrecht wird verkehrt.

Es braucht Kritik, wer sich stets bückt,
Wird nur zu bald selbst unterdrückt;
Den Staat betreffend gebt gut acht,
Daß er den Bürger nicht verlacht;

Dabei auf Machtausdehnung zielt,
Mit Mächtigen zusammenspielt,
So daß der Bürger ängstlich schweigt,
Nur ja sagt und kein Rückgrat zeigt.

Es ist nicht alles gut, was neu,
Drum Bürger, bleib Dir selber treu,
Verantwortung trägst Du allein,
Richtschnur muß das Gewissen sein.

*Aus: „Sokrates läßt Deutschland grüßen
damit Freiheit atmen kann", S. 37

Schlußwort

Im Band X „Erlebnisse im Hotel mit König Alfred und seinem Hanswurst" hatte ich angekündigt, auch über den Ausgang meines Widerspruches gegen das „Waffenverbot" in dieser Broschüre zu berichten.

Jetzt, Anfang März 09, ist, nach fast einem Jahr, über die Zulassung meines Widerspruches gegen das Verbot zum Besitz eines Luftgewehrs und einer Schreckschußpistole immer noch nicht entschieden worden, so daß ich mich entschlossen habe, darauf nicht zu warten und meine Veröffentlichung nicht länger hinauszuzögern.

Der Vorgang befindet sich beim Verwaltungsgericht Hamburg, Kammer 4, AZ 4 K 995/08.

Sollten Bürger Interesse am weiteren Verfahren des Gerichtes haben, mögen sie diesbezüglich Erkundigungen bei ihrem zuständigen Abgeordneten einholen. Alle Abgeordneten im Bundestag erhalten ein Gratisexemplar dieser Broschüre; ich erteile ihnen, soweit erforderlich, sämtliche Vollmachten, um Informationen beim Gericht einzuholen, und es dürfte doch aufschlußreich für den Bürger sein zu erfahren, welche Position die Volksvertreter zu meinen Darlegungen einnehmen.

Erweiterte Auflage

Inhalt

Fortsetzung der ersten Auflage   96
Welch ein Traum   98
Zum Widerspruch   99
Freiheit auf Diät   100
Nicht erwacht   101
Der Freiheitsmarsch   102
Aufgewacht   103
Genug   104

Anhang   107

Die „Freie Stadt"   108
Ehrenbürger   109
Zurück zur Mauer   110
Der Rechtsdoktor   111
Das Nudelgericht   112
Meine Waffe   113
Meuchler und Heuchler   114
Ein Messie   115
Zu spät   116
Schönrednerei   117
Menschenwürde   118
Wände   119
Der Schrei   120

Fortsetzung der ersten Auflage:

Nachdem sich das Verwaltungsgericht Hamburg nach über einem Jahr immer noch nicht dazu bequemt hat, meine Klage (eingereicht am 10.04.08) zuzulassen, habe ich den Anwalt gewechselt und ihn gebeten, die Angelegenheit zu übernehmen und voranzutreiben. (Sh.: „Der Freiheitsmarsch")

Im übrigen hielt es nicht ein einziger Abgeordneter des Bundestages für nötig, mir den Erhalt der Gratisbroschüre zu bestätigen oder sich gar dafür zu bedanken. (Sh.: „Freiheit auf Diät")

Mein neuer Anwalt hat sich inzwischen in dieser Sache kundig gemacht und endlich, im Mai 09, bekam ich die Nachricht, daß sich das Verwaltungsgericht mit meiner Klage befassen wolle. (Sh.: „Aufgewacht")

Am 25. Juni kam es daraufhin endlich zur Verhandlung. Die Frau Richterin vom Verwaltungsgericht bat mich um das Einverständnis, ihre Entscheidung, ohne Zugrundelegung der polizeilichen Aussagen treffen zu können.

Verständlich, denn der Lügenbrei der Polizei dürfte für jeden denkenden Menschen offensichtlich sein.

Man hätte deshalb mit weiteren Untersuchungen und Fragen die Polizei nur in Verlegenheit bringen können, auch, wenn überlegt wird, daß die Polizei, nachdem mein Anwalt sie bat, die Waffen abzuholen, Monate verstreichen ließ, bis es dazu kam.

Und dies, obwohl, wie von der Polizei behauptet, aufgrund des Besitzes der Waffen, von mir eine Gefahr für die Sicherheit ausgehen würde.

Ist das kein sträfliches Versagen?

Nun, ich habe der Richterin vom Verwaltungsgericht mein Einverständnis gegeben, da ich es uns, aufgrund der nachgewiesenermaßen falschen Behauptungen, nicht zumuten wollte, die Zeit mit zusätzlichen Verhandlungen und Befragungen zu verschwenden.

Das Urteil habe ich dann Anfang Juli 09 per Post erhalten. (Sh.: „Genug")

Darin beschränkt sich die Richterin darauf, die von der Polizei vorgetragenen Unwahrheiten, deren Überprüfung sie m. E. mit wohlbedachtem Vorsatz umgangen hatte, zu wiederholen, um zu dem Ergebnis (ich würde sagen, zu ihrem Vorurteil) zu kommen, daß ich leichfertig mit den in meinem Besitz befindlichen Waffen umgehen und nicht verantwortungsbewusst handeln würde.

Wenn sie dann noch schreibt, daß ich nicht in der Lage wäre, die Tragweite meines Handelns zu überblicken, kann ich, wenn ich keine Böswilligkeit unterstelle, wirklich nur an dem Verstand der Richterin zweifeln. (Sh.: „Der Rechtsdoktor")

Mein Anwalt stellte den Antrag auf Zulassung der Berufung beim Oberverwaltungsgericht, und es steht in den Sternen, welchen Abschluß dieser Vorgang dort finden wird.

Gegebenenfalls werden wir dann die Europäische Gerichtsbarkeit bemühen.

Welch ein Traum!

Welch ein Traum war das heut Nacht,
Davon bin ich aufgewacht.
Richter sah ich, Staatsanwälte,
Robenschwarz, in eisger Kälte,

Die auf ihrer Beute hockten,
Galgenvögeln gleich; frohlockten,
Daß der Streit, dank ihrer Macht,
Hätte so viel eingebracht.

Aufbegehren, sich beschweren,
Uns womöglich noch belehren,
Der Kerl geht uns auf die Nerven,
In den Knast sollt man ihn werfen,

Schrien sie, warn ganz außer sich;
Mir war klar, sie meinten mich;
Hoff nun, dass die Wirklichkeit
Hält nichts ähnliches bereit.

Zum Widerspruch

Nach nun über einem Jahr
Wurd mein Widerspruch, fürwahr,
Vom Gericht, ist das zu fassen,
Immer noch nicht zugelassen.

Was mag da der Grund wohl sein,
Fällt den Richtern nichts mehr ein?
Vielleicht war es die Broschüre, *
Die endgültig schloß die Türe

Hin zur Einsicht, zum Verstand,
Den ich nur sehr selten fand,
Weil die Richter lieber schlafen
In dem Paragraphenhafen.

*" Bürger wacht auf! – Zum Obrig-
keitsstaat" herausgegeben im
März 2009

Freiheit auf Diät

Wenn Freiheit wir im Land anstreben,
Dann sollt dies Buch zu denken geben;
So wurde der Broschürenband
Auch an den Bundestag versandt.

Die Resonanz ist ausgeblieben,
Nicht einer hat zurückgeschrieben;
Man weiß, im Abgeordnetsein
Reißt kaum sich einer aus ein Bein.

Zumal, wenn man den Wahlkampf führe,
Da ist kein Platz für die Broschüre;
Jetzt kommt es auf Diäten an,
So dass die Freiheit warten kann.

Nicht erwacht

Die Schlafmützen sind nicht erwacht;
Es wurde kein Termin gemacht,
Bei dem im Widerspruchsverfahren
Ein Richter Geist könnt offenbaren.

Doch so schnell geben wir nicht auf,
Wir nehmen weitere Mühn in Kauf
Und fühlen uns dem Recht verpflichtet,
Bevor man es zugrunde richtet.

Nur schade, daß ein guter Mann
Dies nicht mehr miterleben kann;
Ein Rechtsgelehrter, der, ich wette,*
An mir heut seine Freude hätte.

*Professor Bötticher; bei ihm stand
ich 1969 in Hamburg im Examen; danach
entwickelte sich ein freundschaftliches
Verhältnis zwischen uns.
Sh. auch: „Erlebnisse im Hotel" Band I,
Seite 88 „König Alfreds Rechtsverdrehungs-
akrobaten".

Der Freiheitsmarsch

Ich wechselte den Rechtsanwalt,
Nahm einen alten Hasen,
Der Richtern, spuren sie nicht bald,
Den Marsch wird gründlich blasen.

Das Recht kam lang schon aus der Spur,
So geht die Freiheit flöten;
Ein Anwalt, der nicht ja sagt nur,
Ist dringend hier vonnöten.

Ein Anwalt, der mit Kraft und Mut
Trotzt auch den Staatsgewalten,
Wenn Freiheit, unser höchstes Gut,
Sie nicht in Ehren halten.

Aufgewacht

Mein Anwalt hat sich schlau gemacht,
Da ist sie endlich aufgewacht,
Die hiesige Gerichtsbarkeit,
Nach einem Jahr verschlafner Zeit.

Gespannt schaun wir, was sich nun tut,
Man hat ja lang genug geruht,
Und Wochen werden noch vergehn,
Bis wir mal wieder Richter sehn.

Diesmal in keinem Strafgericht,
Doch warten muß der Leser nicht,
Denn auf der nächsten Seite steht,
Ob man auch dort das Recht verdreht.

Genug

Da sitzt sie nun, es ist so weit,
Frau Richterin im dunklen Kleid;
Ich darf auch sitzen, muß nicht stehn,
Beginne aber schwarz zu sehn.

Ich denke wohl, mit gutem Recht,
Denn dieses Paragraphgeflecht,
Das die Justiz zusammenspinnt,
Bezweckt, daß niemand ihm entrinnt.

Nun aber zur Frau Richterin,
Gibt sich recht freundlich, immerhin;
Auch wie sie was zur Rede stellt,
Der erste Eindruck, es gefällt.

Zumindest mir; nur leider spricht
Das Urteil heute sie noch nicht;
Die Freundlichkeit kann Tarnung sein,
Ein Hinterhalt im falschen Schein;

Und das Ergebnis zeigte mir,
So war es in der Tat auch hier.
Ihr Urteil schickte sie per Post,
War eine schändlich, üble Kost.

Die Version 2*, sie kam zum Zug,
Und damit sei es nun genug;
Zeigt, daß das Recht in diesem Staat
Ist wahrlich äußerst desolat;

Wenn sich nicht einer aufrecht stellt,
Man nur ans Übliche sich hält,
Und das nach über einem Jahr,
Obwohl ich unermüdlich war,

Dann sagt der Bürger: Mit mir nicht,
Ich meide besser das Gericht;
Der Rechtsstaat kam aus der Balance,
Für mich gibt es hier keine Chance.

Da es noch in den Sternen steht,
Wie die Geschichte weitergeht,
Verpaß ich hiermit nun zum Schluß,
Auch als Ventil für den Verdruß,
Den Obrigkeiten zum Genuß,
Aus meinem Hintern einen Schuß.

* Sh. S. 56

Anhang

Die "Freie Stadt"

Als ich die „Freie Stadt" verließ,
Da fühlte ich mich frei,
Denn dort behandelte mich mies
Nicht nur die Polizei.

Wenn sie sich was davon verspricht,
Dann lügt sie wie gedruckt;
Es zählt die Menschenwürde nicht,
Weh dem, der sich nicht duckt.

Und auch mit der Gerichtsbarkeit
War ich nicht besser dran;
Zeigt, daß wie in vergangner Zeit,
Sie unterjochen kann.

Die „Freie Stadt", ein leeres Wort,
Klingt mir jetzt nach wie Hohn;
Bin kaum zurück an diesem Ort,
Spür seine Fesseln schon.

Ehrenbürger

Die „Freie Stadt" wird sie genannt,
Reizvoll zu sehn und weltbekannt;
Doch schaut man hinter die Kulissen,
Es schlägt dort leider kein Gewissen.

Das große Geld hat hier die Macht,
Wer nicht pariert, der wird verlacht;
Gleichwohl, wie immer er sich wehre,
Tritt in den Schmutz man seine Ehre.

Und das bekommt beim hies'gen Recht,
Dem Mächtigen gewiß nicht schlecht;
Fehlt nur noch, daß der Ehrabwürger
Wird in der Stadt ein Ehrenbürger.

Zurück zur Mauer

Damals kämpft' ich hier im Staat
Gegen Mauer, Stacheldraht,
Bis die Mauer endlich fiel,
Damit war erreicht mein Ziel. *

Heut wünscht' ich, das ist kein Witz,
Sie um meinen Grundbesitz;
Dies aus purem Eigennutz,
Vor der Polizei zum Schutz,

Die sonst Zutritt sich verschafft,
Setzt die Rechte außer Kraft;
Auch vor Überfall und Raub,
Die sich häuften, mit Verlaub,

Weil die Polizei stets schlief,
Wenn man hier um Hilfe rief;
Zieht, was dient der Gegenwehr,
Zudem noch aus dem Verkehr.

*Sh.: Doppel –CD mit 28 Liedern,
„Einem Aufrechten zum Gedenken"
Erhältlich bei D. Knesel,
21502 Geesthacht, Hans-Mayer-Siedlung 32
Tel. / Fax: 04152 78866

Der Rechtsdoktor *

Uns bringt der Paragraphenreiter
Mit Doktortitel auch nicht weiter,
Wenn er vom Paragraph gelenkt,
Das Denken ganz und gar sich schenkt.

Und solche Paragraphenreiter,
Ich finde das durchaus nicht heiter,
Bekam ich mehrfach bei Gericht
Im Lauf der Jahre zu Gesicht.

Doch wenn der Kopf bis zu den Ohren
In Paragraphen eingefroren,
Dann bleibt kein Platz im Rechtsgewand
Für Rechtsempfinden und Verstand.

*Aus: „Erlebnisse im Hotel"
Band X, S. 90

Das Nudelgericht*

Die richterlichen Nudeln
Verhudeln und verdudeln
Das Recht, dem ich vertraut;
Sie haben es versaut.

Wenn Richter in Gerichten
Das Recht zugrunde richten,
Dann wird es höchste Zeit,
Daß die Gerichtsbarkeit,

Die selbst vom Unrecht schwanger,
Kommt endlich an den Pranger;
Sonst bleibt vom Rechtsstaat nur
Wieder Makulatur.

*Aus: „Erlebnisse im Hotel"
Band X, S. 91

Meine Waffe

Das Wort ist meine Waffe,
Ich zieh es vor dem Schwert;
Was ich gewaltlos schaffe,
Hat für mich größren Wert.

Im Staat, wo dieses Streben
Dem Bürger wird verwehrt,
Kann's keinen Frieden geben,
Läuft wieder was verkehrt.

Die Freiheit sie geht munter,
Ermangelt es an Mut,
Alsbald den Bach herunter,
Sind wir nicht auf der Hut.

Meuchler und Heuchler

Damals Meuchler; heute Heuchler,
Doch das Damals gibt's nicht mehr;
Gott sie Dank, weil mancher Heuchler
Heute sonst ein Meuchler wär.

Ein Messie

Ein Messie lebt bei uns im Haus,
Wie sieht jetzt bloß die Wohnung aus;
Vermüllt und dazu der Gestank,
Von seinem Kot, der Mann ist krank.

Säuft sich dabei um den Verstand,
So daß er das Klosett nicht fand.
Für den Besuch ist das ein Clou,
Der hat den Schweinkram unterm Schuh;

Hindurch läuft auch das Kleingetier,
Das hält er in der Wohnung hier;
Bekannte selbst in seiner Not,
Der Suff sollt bringen ihm den Tod.

Auch Vögel hält er an der Zahl,
Für diese Wohnung nicht normal;
Und wie dort alles kreucht und fleucht
Wird bald das ganze Haus verseucht.

Doch die Behörde, die ist lahm,
Obwohl sie davon Kenntnis nahm;
Bis sie dem Mann zur Seite steht,
Ist es wahrscheinlich schon zu spät.

Anmerkung : Nach drei vorangegangenen
Schreiben, in denen ich
auf die unhaltbare Situation
hinwies, habe ich die obigen
Verse am 12.1.09 an das zustän-
dige Bezirksamt Hamburg – Eims-
büttel gesandt.

Zu spät

Genau drei Wochen ist es her,
Da gab dem Messie ich die Ehr';
Schrieb der Behörde ein Gedicht
Vom Messie, helfen tat es nicht.

Heut lag er auf dem Boden tot,
In seinem Blut, in seinem Kot;
Behördlich wird nun festgestellt,
Daß ein Problem ist aus der Welt;

Ein Mensch, der nicht mehr nützlich wär,
Zog selber sich aus dem Verkehr;
Ich denk, daß der Behördenmann
Trotzdem gut weiterschlafen kann.

<u>Anmerkung:</u> Am 2.2.09 fand ich den Leichnam
des Hans-Jürgen Ladecke (66 Jahre alt)
im Flur auf dem Fußboden seiner Wohnung.

Schönrednerei*

Mit der Freiheit und dem Recht
Steht's im deutschen Staate schlecht;
Auch die Würde wurd im Land,
Mir zum Beispiel, aberkannt.

Wenn den Mächtigen es nützt,
Deren Interessen schützt,
Scheinen Freiheit, Recht so fern,
Wie auf einem andren Stern.

Da zeigt sich die Staatsgewalt
Dann in ihrer Mißgestalt,
Die den freiheitlichen Geist
Nur in schönen Reden preist.

Lullt den Bürger damit ein,
Er kann doch zufrieden sein,
Wenn er seine Klappe hält,
Wie's der Staatsmacht wohlgefällt.

*Aus: „Erlebnisse im Hotel"
Band X, S. 114

Menschenwürde*

Wahrheit führt zum freien Sein,
Läßt den Mensch in Würde leben,
Schränkt man seine Freiheit ein,
Wird es nicht die Wahrheit geben,

Wo bedingungslos bereit,
Wir dem Grundgesetz uns stellen,
Mit dem Ziel der Menschlichkeit,
Seinen geistig reinen Quellen.

Jedem Einzelnen verpflichtet,
Seine Würde stets zu achten,
Sie als, so wurd einst gewichtet,
Unantastbar zu betrachten.

Wenn die staatliche Gewalt
Hier erblindet in dem Sehen,
Findet Wahrheit keinen Halt,
Wird der Rechtsstaat untergehen.

*Aus: „Sokrates läßt Deutschland grüßen
damit Freiheit atmen kann", S. 30

Wände*

Immer wieder Wände, Wände
Werden in den Weg gestellt,
Bis zu Deinem Lebensende
Eine wanddurchzogne Welt.

Wände aus gemeinen Lügen,
Aus durchtriebner Hinterlist,
Aufgestellt um zu betrügen,
Wände, die Du nie vergißt.

Wände, die den Blick verbauen
Hin zu einem schönen Sein,
Die Dir nehmen das Vertrauen,
Offenbar'n den falschen Schein.

Immer wieder Wände, Wände,
Sie entstehen immer neu,
Und so zählt dann nur am Ende,
Ob Du Dir bliebst selber treu.

*Aus: „Für Dich", S. 40

Der Schrei*

Der Schrei, ihn sieht man an der Wand
Als Bild, durchaus nicht unbekannt
Und auch als Druck in einem Buch
Schaut er uns an, des Wahnsinns Fluch.

Er, der in Wirklichkeit nur stört,
Wird dort am liebsten überhört,
Obwohl der Schrei vieltausendfach
Sollt rütteln die Gemüter wach.

Durchzieht hier Tag für Tag das Land,
Prallt aber ab wie von der Wand,
Wird schnell verdrängt, die Masse schreit
Nach Jubel, Trubel, Heiterkeit.

*Aus: " Nur noch für Dich "
Band I, S. 58

Erlebnisse im Hotel mit König Alfred und seinem Hanswurst unter Berücksichtigung der Zensur durch das Landgericht Hamburg. Der Kampf eines Bürgers gegen ein Unternehmen mit faschistoiden Verhaltensweisen. Band I–X
Band I: ISBN 978-3-8334-7985-4

Die frivolen Geschichten mit König Alfred und seinem Hanswurst
ISBN 978-3-8334-8038-6

König Alfred und sein Hanswurst
Ein MALBUCH mit 66 heiteren Geschichten in Versform
ISBN: 978-3-8334-8037-9

Sokrates läßt Deutschland grüßen – damit Freiheit atmen kann
ISBN 978-3-8334-7988-5

Das große Kochbuch
Ein Menü für Juristen und verantwortungsbewußte Staatsbürger
ISBN 978-3-8334-7987-8

Mir reicht's – Deutschland ade
ISBN 978-3-8334-7986-1

Daß Liebe unser Leben durchdringt ...
ISBN 978-3-8334-7977-9

Für Dich
ISBN 978-3-8334-7975-5

Nur noch für Dich – Eine Liebeserklärung, Band I–III
Band I: ISBN 978-3-8334-7976-2
Band II: ISBN 978-3-8334-8769-9
Band III: ISBN 978-3-8334-7406-4

Anfang und Ende – Gedichte für einen geliebten Menschen
ISBN: 978-3-8334-8770-5

Für Dich – Eine Nachlese
ISBN: 978-3-8370-6224-3